DANS L'OMBRE DE LA CATHÉDRALE

Drame lyrique en trois actes

POÈME DE

MAURICE LÉNA et HENRY FERRARE

D'après BLASCO IBAÑEZ

MUSIQUE DE

GEORGES HÜE

PARTITION CHANT PIANO

Prix Net : 20 *francs*

PARIS

AU MÉNESTREL, 2 *bis*, RUE VIVIENNE (2e), HEUGEL

ÉDITEUR-PROPRIÉTAIRE POUR TOUS PAYS

A Madame Georges HÜE

En affectueux hommage.

DANS L'OMBRE
DE
LA CATHÉDRALE

Drame lyrique en trois actes

POÈME DE

MAURICE LÉNA et HENRY FERRARE

D'après BLASCO IBAÑEZ

MUSIQUE DE

GEORGES HÜE

PARTITION CHANT PIANO

Prix Net : **20** *francs*

PARIS

AU MÉNESTREL, 2 *bis*, RUE VIVIENNE (2e), HEUGEL

ÉDITEUR-PROPRIÉTAIRE POUR TOUS PAYS

DISTRIBUTION

SAGRARIO, fille d'Esteban. . . . . *Soprano.*
TOMASA, tante d'Esteban . . . . *Mezzo-Soprano.*
UNE VOIX . . . . *Soprano solo.*
UN ENFANT DE CHOEUR . . . . *Mezzo-Soprano.*

MANUEL . . . . *Ténor.*
ESTEBAN, frère de Manuel . . . . *Basse chantante.*
MARIANO, le sonneur . . . . *Basse.*
PÉREZ, le bedeau. . . . . *Baryton.*
PEPE, le perrero. . . . . *Ténor.*
UN PRÊTRE . . . . *Ténor.*

HABITANTS DU CLOITRE — DÉVOTES — MENDIANTS
CLERGÉ — CADETS DE L'ÉCOLE MILITAIRE — UN MOINE — UN MATADOR

Direction de MM. ALBERT CARRÉ et ISOLA FRÈRES.
Directeur de la Scène : M. CARBONNE.

La scène se passe à Tolède dans la seconde moitié du XIVe siècle.

1er ACTE : Le Cloître bas. — 2e ACTE : Le Cloître haut.
3e ACTE : La Chapelle de la Vierge.

Décors de MM. BAILLY (1er et 3e Actes) et JUSSEAUME (2e Acte).
Costumes de M. MULTZER.

Chef d'Orchestre : M. ALPHONSE CATHERINE.
Chef de Chant : M. BOURNONVILLE.
Chef des Chœurs : M. ARCHAINBAUD.

Danse liturgique réglée par Mme STICHEL.

DANS L'OMBRE DE LA CATHÉDRALE

ACTE PREMIER

Dans la cathédrale de Tolède, le cloître bas. Fresques aux murs. Par côté, une porte ogivale, donnant accès de la rue dans le cloître. Au fond, de face, donnant sur l'intérieur de l'église, une autre porte monumentale et précédée de quelques marches; elle est noire et dorée, somptueusement sculptée de feuillages peints, avec des châteaux et des lions sur les montants, et deux statues de prophètes. Grandes verrières polychromes. C'est un dimanche, le matin. Il commence à faire jour.

SCÈNE PREMIÈRE

MANUEL, *enveloppé d'une cape, entrant et s'assurant que le cloître est vide.*

Personne...

(Regardant autour de lui.)

Rien n'a changé depuis dix ans...

C'est bien le même cloître où jouait mon enfance;

(Avec un geste vers l'église encore fermée.)

Et je devine là, dans la même pénombre,
Le même coin de nef où d'un cœur si dévot
Ma jeunesse naïve a tant rêvé du ciel!...

Rien n'a changé... que moi.

Qu'êtes-vous devenus, rêves du Séminaire?...
Je ne crois plus à votre Pays Bleu;
Et désormais, tourné vers un Messie nouveau,
Je ne vois plus ici qu'un faux Dieu d'ignorance,

De servitude et de mensonge !...
Qu'êtes-vous devenus, rêves du Séminaire?...

Et voilà cependant que traqué comme un fauve,
A ce Dieu que je nie
Je viens humblement demander asile...
Quelle dérision!...

(Six heures sonnent au clocher; puis c'est le grêle tintement d'une cloche d'appel.)

La cloche du chapitre :
J'en reconnais le son... C'est la première messe.

(Bruits indistincts, des pas, des voix lointaines.)

Dans l'immense ruche de pierre,
Confusément la vie s'éveille...

(Grincements de clefs, on tire des verroux.)

A l'heure coutumière,
La vieille porte va s'ouvrir...

(S'ouvre en effet la grande porte, livrant passage à deux hommes; Manuel s'efface derrière un pilier.)

Mariano, le sonneur,
Et le gardien de nuit que le matin libère...

(Adieu, *dit le gardien prenant congé;* A ce soir, *lui répond Mariano. Ils sortent, laissant la grande porte ouverte à deux battants. A l'intérieur de l'église, quelques mesures d'un chant d'orgue.)*

Premier soupir de la prière vaine...
Et voici, s'acheminant
A leur machinale besogne,
Les premières bigotes,
Les premiers mendiants...

(Vêtues de noir, la mantille sur les yeux, quelques dévotes, un livre d'heures à la main, traversent le cloître, entrent dans l'église. Béquillards, aveugles, culs-de-jatte, stropiats et loqueteux de toute espèce, hommes et femmes, habitués du cloître bas, arrivent en même temps et s'installent sur les marches.)

Manuel, *pendant que les mendiants s'installent à leurs postes, avec un geste vers le groupe.*

Au seuil du même temple, inutile et plein d'or,
Le même tas humain de sordide misère...
Rien n'a changé!

SCÈNE II

MANUEL, LES MENDIANTS

Les Mendiants, *se querellant.*

Ma place!... Ma place!...
Au diable! C'est la mienne!
Filou! Menteur!
Bancroche! Béquillard!
Va-nu-pieds! Mendigot!

Tous.

Silence!... Des clients!

(Isolés ou par groupes, des fidèles arrivent, entrent dans l'église.)

Les Mendiants, *tendant la main ou leur sébile.*

La charité, señor...
Señora, Señora, la charité...

(Psalmodiant.)

Dieu vous le rende.

(Arrivent des abbés, longs manteaux noirs.)

Nos Messieurs les abbés!

(Les mendiants s'inclinent, familiers tout de même. Geste amical des abbés. Une mendiante, selon l'usage aux pays latins, baisera la main de l'un d'eux.)

Un Mendiant, *désignant un jeune abbé, plus élégant, venu après les autres.*

D'où vient-il, celui-là?

Un autre Mendiant.

Demande à Jacinta.

(Groupe de jeunes filles et de jeunes gens, dont plusieurs Cadets de l'Ecole Militaire.)

Les Mendiants.

La charité, señoritas...

Une Mendiante.

Et vous aurez, chacune, un beau mari!

(Paraît un moine capucin.)

Les Mendiants, *s'agenouillant tous.*

Bénissez-nous, mon Père.

(Le moine les bénit, machinal. Une mendiante baisera dévotement le bas de sa robe.)

Amen! Deo gratias.

(S'avance enfin un matador, suivi de sa cuadrilla. Les mendiants, aussitôt, se relèvent d'un bond; le béquillard laisse là sa béquille, le cul-de-jatte sa voiturette et l'aveugle sa cécité; tous, entourant le matador et l'acclamant.)

Conchito! Conchito! Le roi des toreros!
Vive Conchito!
Gloire au grand Conchito!

Tous.

Olé! Olé! Olé!

SCÈNE III

MANUEL, LES MENDIANTS, ESTEBAN

Esteban, *entrée soudaine et indignée; il brandit la verge de bois, insigne du silenciaire.*

Silence, les braillards!...
Troubler ainsi l'office!...
Allons, oust! à la porte!

Manuel, *derrière un pilier.*

C'est lui.

Les Mendiants, *en révolte.*

Ah !...
Nous protestons... Liberté du travail !...
Non .. Non... Non... Non...
Nous resterons !

Esteban, *se fâchant et les chassant.*

A la porte !

Les Mendiants, *au dehors.*

Liberté du travail !

(Haussement d'épaules d'Esteban. Il referme la porte de l'église.)

Manuel, *derrière le pilier.*

C'est bien lui !...

(Il se met sur le passage d'Esteban qui se dispose à sortir.)

Esteban, *s'arrêtant, surpris, dévisageant Manuel et le reconnaissant enfin.*

Manuel !

Manuel.

Mon cher oncle !

(Esteban lui tend les bras : longue et tendre accolade.)

Esteban.

Est-ce bien toi ?... Si maigre !... Si changé !...

Manuel.

Oui, bien changé... de corps et d'âme...

Esteban.

Que fais-tu ?... D'où viens-tu ?...

Manuel.

Je ne sais...
De Paris... de Madrid... et de partout chassé
Par la misère et la police...

Esteban.

Mon pauvre Manuel !

Manuel.

Traînant comme un haillon ma vie exténuée,
Pour y mourir, vois, je reviens au gîte
Mendier un asile...
Plus rien ailleurs pour moi
Que l'hôpital ou la prison.

Esteban, *lui prenant la main, avec élan.*

Ah ! Manuel, enfant prodigue,
Dans mon logis et dans mon cœur
Sois le bienvenu !
On te soignera,
On te guérira...

Manuel.

Guérir ?...
Je ne tiens plus à vivre...
J'ai trop souffert, j'ai fait de trop beaux rêves,
Trop cruellement brisés...

Esteban.

Toujours cette chimère !

Manuel.

Elle est si belle !... Elle plane si haut !...
D'autres viendront qui, plus heureux que moi,
Jusque dans la nue iront la saisir ;
Et la Chimère, alors, sera la Vérité !

Esteban.

Ne la trouvons-nous pas dans la foi de nos pères ?

Manuel.

Je ne l'y trouve plus...

(Un silence, assez long.)

Esteban, *comme à lui-même, évoquant le passé.*

Je me souviens d'un petit Manuel
Qu'on eût pris pour un angelot.
Qu'il était donc gentil, en soutanelle rouge
Et surplis de dentelle !...

Je me souviens aussi d'un grand séminariste
A ce point fervent et savant
Que ses maîtres disaient : « Il sera notre gloire,
Et pour l'Eglise, un nouveau saint Thomas !... »

Manuel.

Tous deux sont morts...

Tu sais pourtant de quelle ardeur,
Quand éclata la guerre,
Je m'enrôlai sous le drapeau carliste
Et combattis pour le trône et l'autel...
Ce fut mon premier pas au plein air de la vie...
Bientôt, grisé d'espace et de libre clarté,
Loin de l'église et de son ombre,
Je pris ma route au grand soleil !...
J'allais de ville en ville ;
Je regardais et je lisais.
Mes yeux s'ouvraient tout grands sur un monde ignoré
Où songeait le penseur, où flamboyait l'usine,
Où dans l'âpre conflit des Idées et des Forces,
Magnifiquement se forgeait l'Avenir...
Là, comme deux éclairs, j'ai vu luire ces mots :
Fraternité... Justice...
Et surgissant de la nuit du passé,
Tel un colosse de lumière,
Grave à la fois et souriante,
M'apparut la Science !...

Alors, et comme ici jadis,
Je m'agenouillai...

Mais cette fois devant le vrai Dieu,
Devant le vrai Sauveur,
Car la Science, affranchissant le monde,
Sur les idoles renversées
Proclamera l'Universel Bonheur !...

Esteban.

Illusion de Songe-Creux !...

Manuel, *d'une voix basse.*

Seulement, la bataille est rude,
Et je n'y fus, hélas, qu'un débile soldat...

Esteban.

A quoi bon tant de peine ?
L'humanité, vois-tu, ne changera jamais.

Manuel.

Tout change ! Elle changera !

Esteban.

Pire, sans doute !

Manuel.

Toujours meilleure !...

(Un temps.)

Esteban.

Pour moi, content du sort que le Bon Dieu m'a fait,
Paisiblement je vis où vécut la famille,
Et fidèle à la même foi.
J'aime la cathédrale et je sens qu'elle m'aime.
Ma vie dans la sienne se fond,
Se mêle à son encens, sommeille dans son ombre,
Chante avec son clocher, prie dans la voix de l'orgue.
Peints aux vitraux ou taillés dans la pierre,
J'ai pour amis tout son peuple muet
D'images saintes ;
Et dans leurs yeux que l'on croit sans lumière
S'anime, quand je passe, un familier regard...

(Mettant la main sur l'épaule de Manuel.)

Voilà... Je suis dévot à Notre-Dame ;
Je veille avec amour au soin de sa chapelle.
Je gagne peu, mais ce peu me suffit ;
Et dans ce même cloître où je vécus paisible
J'espère bien paisiblement mourir...

(Passe au fond de la scène Tomasa, affairée.)

Mais voici Tomasa...

Manuel, *à part.*

Ma tante !

SCÈNE IV

MANUEL, ESTEBAN, TOMASA

Esteban, *appelant.*

Hé ! Tomasa !

Tomasa, *se retournant, puis venant.*

Quoi donc ?

Esteban.

Mets un couvert de plus,

(Montrant Manuel.)

Nous avons un hôte.

(Les présentant l'un à l'autre, plaisamment.)

Ma sœur... et Monsieur...

Tomasa *qui déjà saluait, reconnaissant tout à coup Manuel et s'exclamant.*

Manuel !... C'est notre Manuel !...
Viens qu'on t'embrasse, garnement !...

Manuel.

Ma bonne tante !

Tomasa, *l'examinant ensuite et lui tâtant les joues.*

Jésus ! Comme il est maigre !...
Qu'as-tu donc fait là-bas, mauvais sujet,
Pour y gagner une aussi triste mine ?
Rien de très catholique, je pense.

(Avec une affectueuse rudesse.)

Mieux valait prendre la soutane :
Tu serais plus gras.

Esteban.

Il serait devenu chanoine !...

Tomasa, *renchérissant.*

Peut-être évêque !...

Esteban.

Peut-être cardinal !

Manuel, *souriant.*

Peut-être pape !

Tomasa.

Et pourquoi non ?
Le grand pape Grégoire
Etait le fils d'un simple charpentier !

Manuel, *souriant.*

Jésus aussi !...

(Haussement d'épaules amical d'Esteban et de Tomasa.)

Esteban *et* **Tomasa**. *alternant.*

Mais enfin, le voilà !...
Nous le tenons, nous le gardons !...
Surtout plus d'anarchie !
Personne ici que nous ne sait tes aventures.

Manuel, *avec un geste las.*

Soyez tranquilles !...
Et d'ailleurs, avant peu...

Tomasa.

Pas de sottises !...
On te remplumera, ma cuisine s'en charge...
Tout justement, pour aujourd'hui Dimanche,
Une Olla potrida, comme je sais les faire,
Mijote sur la braise.
Tu m'en diras des nouvelles !

Esteban.

Et nous l'arroserons d'un petit vin !...

(Une mine gourmande achève la phrase.)

Manuel, *souriant.*

Un peu de lait me suffira...

(Prenant leurs mains dans les siennes et les y gardant.)

Merci...
Mais je cherche ta fille.
Où donc est-elle
Que son oncle l'embrasse?...

(A cette question, Esteban, devenu sombre, Tomasa, gênée, quittent la main de Manuel et s'écartent en silence.)

Tu ne réponds pas?...

(Avec inquiétude.)

Malade?. .
Ah! ton silence me fait peur.

(A Tomasa, d'une voix angoissée.)

Morte?...

Esteban, *qui a entendu.*

Morte... pour moi...
Sagrario n'est plus ma fille...
Si tu veux m'épargner
La pire douleur et la pire honte,
Manuel, devant moi,
Ne prononce jamais son nom.

(Un silence.)

Tomasa, *enfin, à Manuel qui, d'un regard anxieux, l'interroge; — à mi-voix.*

Une surprise, hélas,
De sa jeunesse et de son cœur...
Partie à Madrid...
Et bientôt abandonnée...

(Avec un geste vers Esteban.)

Pour le moment, intraitable!
Mais... à nous deux... plus tard...

(A Esteban.)

Allons, vieil entêté,
Quitte cet air de croque-mort.
On a bien, dans la vie,

Le temps de souffrir !...
Aujourd'hui grande fête :
Nous tuons le veau gras...

(A Manuel.)

Et regarde, voici, pour fêter avec nous
Ton retour au bercail,
Trois de nos rats d'église.
Les reconnais-tu ?

SCÈNE V

LES MÊMES, MARIANO, PEREZ, PEPE,
puis **LES MENDIANTS**

Manuel, *sans hésitation, les saluant tous trois de leurs noms, quand ils entrent.*

Mariano... Perez... Pepe...

Mariano, Perez, Pepe, *hésitant d'abord, puis s'exclamant.*

C'est Manuel !...

Manuel, *souriant.*

Lui-même !...

(Poignées de mains.)

Esteban.

Il revient de Paris !...

Mariano, Perez, Pepe.

Paris !... Paris !... Paris !...
Notre-Dame !... Les grands boul'vards !...

Tous trois, *avec, chacun, une expression différente.*

Paris !...

Mariano, *répondant au geste interrogatif de Manuel.*

Moi, je sonne toujours... Faut bien gagner sa vie...

Perez.

Moi, toujours bedeau ;
Et maintenant six mioches à nourrir.

Pepe.

Moi, toujours perrero (1),
Toujours célibataire !

(A l'oreille et clignant de l'œil.)

Mais on trouve à se consoler.

Esteban, *les invitant tous trois.*

Nous déjeunons ensemble...
A tout à l'heure, les amis.

Tous trois, *s'en allant.*

Convenu !

Tomasa, *s'en allant aussi.*

Je cours à ma cuisine.

(Déjà, sur la fin de la scène, on verra quelques personnages sortir de l'église. Avant de s'en aller, Mariano, Perez et Pepe auront ouvert la grande porte à deux battants, livrant ainsi passage au gros des fidèles qui traversera la scène, tandis que sonnent les cloches et que l'orgue joue bruyamment une allègre sortie de messe. Les mendiants sont revenus.)

Les Mendiants, *à leur poste.*

La charité ! Dieu vous le rende !
La charité ! La charité !

(Sort enfin le matador avec sa cuadrilla, jetant, fastueux, des poignées de sous aux mendiants et leur distribuant des cigares.)

Les Mendiants, *enthousiastes.*

Vive Conchito !

(Esteban, de sa verge de bois, les menace plaisamment ; un geste de Manuel souriant lui conseille l'indulgence. Et tous deux s'en vont, Manuel au bras d'Esteban, tandis que, du côté opposé, la foule s'écoulera joyeusement par la porte qui donne sur la rue.)

La toile baisse rapidement.

(1) De *perro*, chien : celui qui chasse les chiens de l'église.

ACTE II

Dans le cloître haut, chez Esteban. Une chambre aux murs jaunis, où sont fixées des images saintes. Quelques pots à fleurs. Deux portes : l'une, au fond, s'ouvrant sur la cuisine; l'autre, la porte d'entrée, à droite, donnant sur la galerie du cloître. Deux fenêtres : l'une, sur la galerie, par où l'on aperçoit la cime des cyprès du verger intérieur; l'autre, à gauche, sur le dehors. Au fond, un étroit escalier en colimaçon ménagé dans le mur, et communiquant avec l'étage supérieur. Vieux meubles polis par l'usage : chaises, tables, prie-dieu, etc.

SCÈNE PREMIÈRE

MANUEL, MARIANO, PEREZ, PEPE, *d'autres gens du cloître, puis* **ESTEBAN**

Tous, *autour de Manuel. Ils sont à diverses places dans la chambre, plusieurs assis près de la table.*

Bravo! Bravo!
Manuel a raison!

Manuel.

Oui, l'on vous traite en esclaves!. . .
Aux prolétaires de l'église,
Comme à ceux de l'usine,
Même collier d'infamante misère.
Partout le Capital opprime le Travail :
Tout aux uns, rien aux autres!

Tous.

Il a raison.

Manuel.

Que de trésors, dans cette cathédrale,
Qui dorment là, d'un avare sommeil,
Et ne servent à rien qu'à parer des idoles!...
Que de vie étouffée,
Que de bonheur perdu !

Tous.

Il a raison ! Il a raison !

Deux Groupes.

On nous dépouille ! On nous affame!

Tous.

A bas le Capital!...

Manuel, *les calmant d'un geste.*

Mais... pas de violence!
Rien n'en sort qui ne soit mauvais...
C'est à l'Idée toute puissante,
Sans bombe ni poignard, à coups de lumière,
De frayer le chemin vers la Cité Future...

(Avec un ardent mysticisme.)

Là, mes amis, plus de misère!
Là, dans la paix de l'absolu bonheur,
Maître de tous secrets,
Souverain de la vie et Conquérant du sort,
L'Homme Nouveau deviendra l'Homme-Dieu...
Mais il faut attendre...
D'autres que nous moissonneront ;
C'est notre gloire de semer...

(Un silence lourd et mécontent.)

Mariano.

La gloire, viande creuse.

Manuel.

Préparons l'avenir !

Perez.

L'avenir, c'est trop loin !...

Manuel.

Pas de vil égoïsme !

Pepe.

Que m'importent les autres !

Groupes divers, *dans un sourd murmure d'abord.*

Trop de misère ! Trop de honte !

(Dans un crescendo de plus en plus tumultueux.)

A notre tour ! Je veux ma part !
A nous le droit ! A nous le nombre ! A nous la force !
Vive la Sociale !
A bas les exploiteurs !

Tous, *debout et gesticulant.*

A bas les exploiteurs !
A bas ! A bas ! A bas !

Mariano *et* **Pepe**, *quand les autres voix se sont tues.*

A bas l'Eglise !

(Tumulte et brouhaha approbateurs. A ce moment, au clocher de la cathédrale, lents et graves tintements d'une cloche puissante.)

Tous, *excepté Mariano, Pepe et Perez, s'arrêtant alors brusquement, comme pris en faute, ressaisis par l'habitude et le respect héréditaires ; à mi-voix, dans un murmure, et se signant.*

L'heure du Salut...

(D'un geste machinal, ils se découvrent et s'inclinent, dans un grand silence. Seuls, Mariano et Pepe, par manière de protestation, enfonceront leur chapeau et s'asseoiront d'un air de défi. Perez, hésitant, resterait peut-être debout : de force Mariano l'oblige à s'asseoir et Pepe, d'autorité, lui remettra son chapeau sur la tête.)

La Maitrise, *aux profondeurs de la cathédrale, accompagnée par l'orgue.*

Laudate Dominum, omnes gentes; laudate eum omnes populi.

Tous, *sur la scène, excepté Manuel, Mariano, Pepe et Perez, récitant :*

Adoremus in æternum Sanctissimum Sacramentum.

La Maîtrise.

Gloria Patri, Gloria Filio, Gloria Spiritui Sancto !

Tous, *se signant.*

Amen !

(Se poussant du coude.)

Allons, à la besogne !

(Ils gagnent la porte, lentement, d'un air gêné.)

SCÈNE II

MANUEL, ESTEBAN, *entré depuis quelques instants au cours de la scène précédente et dont toute l'attitude aura protesté contre un pareil scandale, puis* **TOMASA**, *puis* **SAGRARIO.**

Esteban.

Mes compliments !...
Joli travail que tu fais là...
Et ta promesse ?

Manuel.

Pardon... Mais c'est plus fort que moi.
Je les plains tant !

Esteban.

Pourquoi ?... Sommes-nous donc à plaindre ?

Manuel, *dont la réflexion ne s'applique pas moins à Esteban qu'aux autres.*

Je m'indignais de les voir asservis
Au point d'aimer leurs chaînes ;
J'avais besoin de leur crier à tous :
« Comprenez donc enfin, vous êtes des esclaves ... »

Esteban, *après un haussement d'épaules.*

Qui ne l'est pas sur terre ?
Et de connaître son malheur
En est-on plus heureux ?...
Tout ça finira mal.
Déjà... tout à l'heure...

Manuel.

Allons donc ! feu de paille...
Un son de cloche, tout s'éteint,
Et le cri de révolte
Se mue en patenôtre.
Pas dangereux, ces anarchistes-là !

Esteban, *maussade.*

Ce n'est pas mon avis !...

(Mimique pessimiste. Puis :)

Je descends pour l'Hommage,
Et je reviens.

(Par l'autre porte entre Tomasa qui, d'un regard, s'assure d'abord qu'Esteban n'est plus là.)

Manuel, *allant à Tomasa.*

Eh ! bien ?

Tomasa, *à mi-voix.*

Elle est ici...
Ce n'est pas sans peine
Que j'ai pu l'amener...
La pauvre n'osait pas : elle craint tant son père !
Mais sa promesse de venir,
A Manuel jurée,
L'a décidée enfin.

Manuel, *avec émotion.*

Chère Sagrario !...

Ah ! quand je l'ai revue,
Si douloureuse et si malade,
Que ma détresse eut pitié de la sienne !

Tomasa, *attendrie.*

Je me souviens.

Manuel.

Elle avait peur, d'abord...
Son cœur, maintenant, se rassure
Et lentement il commence à s'ouvrir...

Tomasa

Ne crois-tu pas, Manuel, qu'elle t'aime ?
Et ne l'aimes-tu pas ?

Manuel, *pensif.*

Peut-être...

(Un silence.)

Tomasa, *enfin, dans une invocation.*

Après tant de misère,
A ces enfants, Seigneur, accordez votre grâce,
Et qu'ils aient enfin, sur la terre,
Un peu de bonheur !

(Apercevant Esteban.)

Le voici...

(Rentre Esteban. — Manuel, qui s'est assis, feuillette un livre. Esteban s'assied aussi et, les bras croisés, fume sa pipe. Tomasa va et vient, s'occupant du ménage. Un moment de silence, que remplit le chant éloigné de l'orgue.)

Esteban, *après que l'orgue s'est tu.*

L'office va finir.

La Maitrise, *dans la cathédrale, répondant au* Dominus Vobiscum *du prêtre à l'autel, qu'on ne peut entendre.*

Et cum Spiritu tuo.

Esteban, *fumant toujours sa pipe et psalmodiant à mi-voix, machinalement.*

Benedicamus Domino.

La Maitrise.

Deo gratias...

Tomasa, *échangeant avec Manuel un signe d'intelligence.*

Récitons le *Pater*.

(A Manuel, avec une indulgence bourrue.)

Pas toi, bien sûr, affreux païen !

Esteban, *agenouillé, se signant.*

Notre Père qui êtes aux Cieux, que votre nom soit sanctifié, que votre règne arrive, que votre volonté soit faite sur la terre comme au ciel.

Tomasa.

Donnez-nous aujourd'hui notre pain de chaque jour; *(Avec une intention marquée.)* pardonnez-nous nos offenses, comme nous les pardonnons à ceux qui nous ont offensés; ne nous laissez pas succomber à la tentation; mais délivrez-nous du mal. Ainsi soit-il.

(Ils se signent ensemble.)

Manuel, *quittant son livre; il a suivi la fin de la prière.*

Belle prière, tout de même,
Ce *Pater*.

Esteban.

Tiens, tu consens à l'avouer !

Manuel.

« Que votre règne arrive... »
C'est le règne, je pense,
De la Justice et de l'Amour...
Quand viendra-t-il ?...
« Pardonnez-nous nos offenses, comme nous les pardonnons... »

(Avec une intention marquée.)

Quoi de plus beau que le pardon ?

Tomasa.

Mais quoi de plus rare ?...

(Esteban, surpris, les regarde alternativement, avec un vague soupçon.)

Manuel.

On a vu des pères
A leur enfant le refuser !

Esteban, *sur la défensive, cette fois, et d'un ton rude.*

Que veux-tu dire ?

Manuel, *lui montrant alors Sagrario qui vient d'entrer, silencieusement introduite par Tomasa.*

Que tu dois pardonner !

Esteban, *reculant d'un pas, et dans une sourde exclamation.*

Sagrario !...

Manuel *et* **Tomasa**, *avec un geste, tous deux, vers la pauvre fille.*

Pardonne !...

(Un silence. — Vêtue de noir, pauvrement, belle encore, mais le visage déjà flétri par la misère et le chagrin, Sagrario reste à genoux, baissant la tête, immobile et toujours muette, navrant symbole de lassitude et de souffrance. Par un instinctif mouvement d'émotion paternelle, Esteban s'est penché sur elle. « Est-ce donc là sa fille ?.. » Mais se roidissant contre sa pitié, il s'écarte de quelques pas, détourne les yeux.)

Tomasa, *ramenant vers Sagrario le regard d'Esteban.*

Regarde...
Oui, c'est bien elle ;
C'est bien ta fille...

Te souvient-il encor d'une enfant rose et blonde,
— Un abricot des cigarrales — (1)
Qui jouait là, vive, rieuse,
Près d'une double tendresse ?...
Sa mère est morte ;
L'enfant est morte pour son père.

Te souvient-il aussi de cette jeune fille
Si belle ?

(1) On appelle *cigarrales* des vergers qui se trouvent aux environs de Tolède. On y cultive des abricots renommés.

Nous tous, les gens d'ici,
Nous la nommions : “ La Perle du cloître ” :
Si lumineuse de santé,
Si fraîche à voir avec ses grands yeux clairs
Et sa bouche fleurie !...
Comme il semblait qu'elle fût née pour le bonheur !...

Eh, bien ! regarde !...

(Un silence douloureux ; sanglots muets de Sagrario.)

Esteban.

Ce bonheur dont tu parles,
C'est elle, entends-tu bien, qui n'en a pas voulu...
Il était là, près de son père qui l'aimait...
Son devoir, notre honneur,
Et le souvenir de sa mère,
Pour un caprice, elle a tout oublié...
J'ai meilleure mémoire :
Je n'oublie pas sa honte...
Qu'elle s'en aille !

(Sous le geste qui la chasse, Sagrario s'est relevée. Avec cette résignation dans le désespoir qu'amène l'accablement d'une longue souffrance, elle fait, lente, machinale, quelques pas vers la porte. Mais Tomasa l'arrête, la retient dans ses bras, où Sagrario cachera son visage et ses larmes.)

Manuel, *cependant.*

Es-tu donc sans pitié ?

Esteban.

Toute faute s'expie.

Manuel, *montrant Sagrario.*

N'a-t-elle pas souffert ?

Esteban.

Pas de brebis galeuse !

Manuel.

A Madeleine pécheresse,
Jésus que tu renies,

Jésus qui fut des nôtres,
Disait : « Relève-toi ! »

Esteban.

Je ne suis pas un Dieu !

Manuel.

Sois du moins un père !

Tomasa, *caressant les cheveux de Sagrario.*

Sa mère, sûrement, l'eût embrassée déjà...

(Emotion visible d'Esteban, à l'évocation de ce souvenir; s'arrêtant enfin devant Sagrario.)

Esteban.

Mais toi... n'as-tu donc rien à dire?

(Geste las de Sagrario. « A quoi bon ? » signifie ce geste.)

Parle enfin... Défends-toi... Ton excuse?...

Sagrario, *sans relever la tête, à voix basse.*

L'Amour...

(D'un geste violent, Esteban réprouve une pareille excuse.)

Tomasa, *répondant à ce geste.*

Oui, l'Amour...
De quoi fut-il donc fait, pour l'enfant que tu chasses.
L'amour que tu condamnes ?
D'une éperdue tendresse,
De sacrifice et de misère.
Tu le prends pour la faute :
C'est lui qui la rachète !
Comme tu prends pour de l'honneur
La cruauté de ton orgueil.

Manuel.

N'accuse que la vie

Tomasa.

Et non pas sa victime.

Manuel, *s'exaltant.*

La vie qui n'est qu'un piège à prendre la faiblesse,
Dont l'hypocrite lâcheté

Persécute l'Amour,
Quand il est vrai, quand il se donne,
Et le salue très bas, quand il sort de l'église,
Béni, légitime... et vénal...

(S'excusant de sa violence.)

Pardon... Mais ce juge implacable,
Ce n'est plus toi, si bon...
Frère,
Toi qui m'as recueilli,
Toi qui m'as sauvé,
Toi qui m'es un père,
Cette place au foyer, ce pain que tu me donnes,
A ton enfant malade, et sans pain, et qui pleure,
Ne les refuse pas !

(Pâle, bouleversé par une émotion croissante, Esteban, toutefois, ne cède pas encore.)

Manuel.

Alors, je n'ai plus qu'à partir...
Quand on chasse l'enfant, rester, moi ? De quel droit ?
Voler sa place ?
Non !

(Se tournant vers Sagrario.)

Sagrario, notre sort est le même ;
Partons ensemble.

(A Esteban.)

Adieu !

(A Sagrario.)

Viens !

(Ils se diririgent vers la porte, quelques pas : ils vont sortir.)

Esteban, *dans un brusque sanglot, à sa fille.*

Reste !...

(Autour du pauvre homme qui pleure, affaissé sur une chaise, Manuel, qui lui serre la main, Sagrario, à genoux, et baisant l'autre main, Tomasa, bourrue et radieuse, essuyant des larmes de joie. Un long silence.)

Tomasa, *enfin, à Esteban.*

Viens-t'en prier à la chapelle :
On y pleure mieux.

(*Tomasa, d'une mine attendrie, confirme à Sagrario, dont la discrétion l'avait déjà senti, qu'elle ne doit pas les accompagner ; et comme un geste de la jeune fille lui demande timidement un peu d'ouvrage, elle lui désigne, avec un sourire affectueux, une corbeille pleine de linge d'église à raccommoder. Après un maternel baiser de la tante à la nièce, lente sortie d'Esteban et de Tomasa, Esteban appuyé au bras de Tomasa, tandis que, lentement aussi, Sagrario se dirige vers la fenêtre où, tout de suite, s'asseyant, elle se met à coudre.*)

SCÈNE III

MANUEL, SAGRARIO

(*Sagrario, le front penché sur son aiguille; debout à quelque distance, Manuel la contemple avec une affectueuse compassion. Un silence.*)

Manuel, *enfin, à lui-même.*

Pauvre Sagrario !...

(*Un temps. Il fait quelques pas vers Sagrario.*)

Ton cœur a bien souffert !

Sagrario, *sans relever la tête.*

Hélas !...

Manuel, *se rapprochant encore, puis s'asseyant auprès d'elle.*

Donne-moi ta main...

(*Il prend sa main.*)

Elle est pâle, et veinée de pâles routes bleues
Qui mènent doucement jusqu'à ton cœur malade.

Sagrario.

Et la tienne est de même...
On dirait les deux sœurs.

Manuel.

Nos pauvres mains...
Ne crois-tu pas que d'être ainsi malades,
Tous deux du même mal,
C'est un lien, qui n'est pas sans douceur,
Entre nos deux misères ?...

(Un temps. — Le silence même de Sagrario trahira son émotion.)

Manuel, *enfin.*

A présent, dans la vie,
Que penses-tu faire ?

Sagrario.

Attendre de mourir...
Il ne faut pas me plaindre !
Je ne souffre plus...
La vie n'est plus pour moi, comment pourrais-je dire ?...
Qu'une rumeur, très loin, au fond d'un grand silence...
Je m'en irai comme on s'endort...

En attendant, je travaillerai.

Manuel.

Tu ne sortiras point ?

Sagrario.

Non, je travaillerai...

Un coin seulement, près de la fenêtre,
Pour y coudre le jour ;
Et pour y coudre encor, le soir, près de la lampe,
Un peu de sa clarté,
C'est tout ce qu'il me faut...
On ne me verra pas.
On ne m'entendra pas.
J'écouterai d'ici la messe et les offices.
J'aurai pour compagnons le murmure de l'orgue,
Le va-et-vient de mon aiguille,
Et ma prière à la Madone.

Manuel.

Prier... A quoi bon prier?...

Sagrario.

Prier, quelle douceur!...
On oublie toute peine;
C'est un voyage au Paradis...
Et revenu de là-haut sur la terre,
On garde au fond du cœur la vision du Ciel...
Prier, c'est doux... comme la mort.

Manuel, *à lui-même.*

La mort...

(Dans un élan passionné, comme essayant de ressaisir la vie.)

Puisqu'elle doit venir, la mort inévitable
Et pour nous si prochaine,
Avant que nos deux cœurs s'arrêtent pour jamais,
Ah! si du moins, l'un près de l'autre,
Ne fût-ce qu'un jour,
Ils pouvaient battre ensemble!

Sagrario, *se reculant un peu.*

Non. . Non... Cet amour-là, j'en ai peur!

Manuel, *avec une sorte de honte, se maîtrisant.*

Non!...

(A lui-même, d'une voix basse, presque parlé.)

Nous n'avons pas le droit de jeter en pâture
A la souffrance
De pauvres êtres nés de nous,
Dès le berceau marqués du sceau de notre mal...

(Un temps.)

Sagrario.

Il est un autre amour, plus constant et plus doux,
Blanc comme notre enfance,
Profond d'être si pur,

Souvent muet, pour que les âmes
Plus tendrement se causent...
Aimons-nous ainsi.

Manuel, *acquiesçant avec tendresse.*

Chère Sagrario !

Sagrario.

C'est ainsi que s'aimèrent,
Jadis,
Les fiancés de la Sainte Légende.

Manuel.

Raconte-moi, petite fille,
Ta belle histoire...

Sagrario.

C'est de saint Leucanère et de sainte Leucille,
Dont j'ai connu la vie dans un livre d'images;
Beaux et jeunes tous deux,
Et qui s'aimaient.

Manuel.

J'écoute...

Sagrario.

Le jour des fiançailles,
Comme ils échangeaient l'anneau d'or,
Voici que sur l'autel, par un soudain miracle,
Notre-Dame s'anime...
Elle descend trois marches,
Et de sa voix si tendre :

« Quittez les amours de la terre :
» Un souffle à peine les effeuille.
» Ce n'est qu'au ciel, dans le jardin suprême,
» Que fleurissent les fleurs de l'Eternel Amour ! »

Et la Vierge tenait un lys dans chaque main...

Et donc, moine au moustier,
Nonne sous le voile,
Chastement ils vécurent,
Séparés, tout de même unis :
A la même heure, chaque soir.
Ils s'endormaient tous deux;
Et chaque soir, muées en deux beaux anges,
Se rejoignaient leurs âmes...

Une dernière fois, tous deux ils s'endormirent...

Et cette fois, pour jamais fiancés,
Ils se réveillèrent ensemble
Aux saintes fleurs du Paradis...

(Un silence.)

Manuel, *enfin...*

Sœur bien-aimée...

(Et lentement leurs mains s'unissent; et tendrement, chastement, ils resteront ainsi, muets, sans bouger, dans la douceur du soir tombant. La toile baisse très lentement.)

ACTE III

Le sanctuaire de la Vierge. On aperçoit, se profilant à gauche, quelques trouées de la cathédrale. Le sanctuaire est brillamment illuminé. Grands cierges à l'autel, profusion d'autres cierges aux candélabres d'offrande. Sur l'autel, où l'on accède par de larges marches, une madone d'un luxe voyant et barbare. C'est le jour de sa fête. On l'a vêtue, pour ce jour et pour cette nuit-là, d'étoffes précieuses, parée de tous ses bijoux. Manteau royal et robe gonflée en façon de crinoline, ruisselants d'or, de diamants, de perles, énorme couronne à cabochons, pendants d'oreilles, bracelets. Entre l'autel et le chœur pend de la voûte la corde d'une cloche.

SCÈNE PREMIÈRE

(C'est la fin de complies. La maîtrise, accompagnée alternativement par l'orgue et par l'orchestre, comme il est d'usage aux grandes fêtes, chante à deux chœurs le Salve Regina. *Un prêtre à l'autel. Enfants de chœur balançant l'encensoir, les deux bedeaux vêtus de noir, le sacristain (l'azul de la Vierge) vêtu de bleu ciel (haute canne à pomme d'argent), enfin le groupe des chanoines, vêtus de rouge, agenouillés. L'assistance, au besoin, s'entreverra de côté.)* (1).

Un Prêtre, *derrière le rideau.*

Salve, Regina !

La Maîtrise, *derrière le rideau.*

Salve, Regina, Mater misericordiæ, salve !

(Le rideau se lève.)

O vitæ dulcedo nostræ, o spes unica. Ad te clamamus exules. Ad te suspiramus gementes et flentes. O dulcis Virgo Maria, salve.

Un enfant de chœur.

Ave, Maria, gratia plena. Benedicta tu in mulieribus. Ave, Maria !

(1) L'archevêque peut figurer dans la cérémonie.

MENUET DE LA VIERGE (1)

La Maîtrise et Voix diverses.

Ave, Maria, gratia plena. Dominus tecum. Ave, Maria.

Une Voix.

Benedicta tu in mulieribus. Sancta Maria, ora pro nobis.

La Maîtrise et Voix diverses.

Sancta Maria, ora pro nobis.

Le Prêtre, *à l'autel, bénissant.*

Benedicamus Domino.

La Maîtrise.

Deo gratias.

Le Prêtre.

Divinum auxilium maneat semper vobiscum.

La Maîtrise.

Amen !

(Sortie du prêtre et des chanoines en deux files, précédés du sacristain, des bedeaux et des enfants de chœur. — Brouhaha de la foule qui se retire. — Dans la chapelle, maintenant silencieuse, génuflexions, devant l'autel, de quelques dévotes, dont plusieurs offrent un cierge. — La scène reste vide.)

SCÈNE II

ESTEBAN, *puis* **MANUEL**

(Entrée d'Esteban, son trousseau de clefs à la ceinture. Pendant quelques instants, il fait le ménage de la chapelle et de l'autel, dont il éteint les cierges, sauf deux. Les cierges d'offrande continueront à brûler.)

Manuel, *entrant.*

Me voilà prêt.

(1) Dansé par de jeunes garçons en costume d'apparat seigneurial, devant l'autel de la Madone. C'est un vieil usage conservé dans plusieurs cathédrales d'Espagne.

Esteban, *se retournant et d'un geste circulaire montrant la chapelle.*

Ta chambre aussi...

(Allant à Manuel et lui tapant sur l'épaule.)

Première nuit de garde,

(Un geste vers la Madone.)

Et la nuit même de sa fête !

Manuel, *souriant.*

Grand honneur pour moi !

Esteban, *avec admiration.*

Comme elle est belle !...
Sa plus riche toilette
Et tous ses bijoux !...
Ça représente une somme.

Manuel.

Je la voudrais plus simple.

(Haussement d'épaules d'Esteban qui signifie : « Tu n'y connais rien ! » — Dix heures sonnent.)

Esteban, *s'en allant.*

Allons, bonne nuit...
Dix heures... je te laisse.

(Remuant ses clefs.)

Dans un instant, je t'enferme...
Toi, n'oublie pas la ronde !

Manuel.

Sois tranquille...

Esteban.

Par ces temps d'anarchie,
Jamais trop de prudence !

(Le poussant du coude en souriant.)

Misérable anarchiste !

(Sur un geste mélancolique et dénégatif de Manuel.)

Oui, maintenant,
Tu mets de l'eau dans ton vin !

Tu n'as pas tort!...
Adieu!

(Tout en s'en allant.)

Voilà Sagrario.
Elle t'apporte pour la nuit
De bonnes choses, bien sûr.

(Arrêtant Sagrario qui vient d'entrer et jetant un coup d'œil dans le panier qu'elle porte, à Manuel.)

Enfant gâté!...

(Au seuil.)

A demain!

(Il sort.)

SCÈNE III

MANUEL, SAGRARIO

Sagrario, *portant un panier, une couverture roulée, un autre objet encore, enveloppé de papier blanc.*

Voici du pain, des fruits et des pâtes sucrées,
Avec un peu de vin...
Pour la nuit, cette manta bien chaude.

Manuel, *la remerciant et la débarrassant.*

Bonne et prudente sœur!...
Mais à quoi bon tant de soins,
Quand on ne peut guérir?

Sagrario, *gentiment enfantine.*

Dieu nous guérira...
Oui, je reprends courage...
Maintenant que je t'aime,
Je ne veux plus mourir et je veux que tu vives.

Manuel, *avec un geste à la fois las et souriant.*

La vie!...

Sagrario, *avec, mais un peu seulement, l'exaltation fiévreuse de la malade.*

La vie!...
Longtemps si morne, si glacée,
Je la revois enfin, maintenant que je t'aime,
Souriante et fleurie.
Une sève nouvelle a ranimé son teint;
Et dans ses yeux, quelle heureuse lumière!
Oui, je la reconnais, elle nous tend les bras;
Tous nos bonheurs perdus, elle va nous les rendre!

Manuel.

Chère Sagrario... (*A part.*) Pauvre Sagrario!...

Sagrario, *timidement.*

Si tu voulais... seulement...

(Sur un geste affectueux qui l'invite à parler.)

Prier avec moi!

Manuel.

Chère et douce entêtée!

(Et tendrement son geste refuse.)

D'ailleurs, moi, pourquoi vivre?
Pour veiller, dans un temple,
Sur un trésor usurpé?
Si tu savais combien je suis las!...
Je voulais affranchir des âmes,
Et je déchaîne des instincts.
J'ai dit : « Pas d'égoïsme et pas de violence! » ;
Et me voilà suspect...
Sagrario, ma sœur de misère,
Ah! pourquoi vivre!

Sagrario.

Pour aimer qui vous aime...
Et pour gagner le Paradis.

Manuel.

Chimère, hélas !

Sagrario.

Qui sait?...
Rien que d'y croire, ami, c'est déjà du bonheur...
Il est si beau, si calme, si pur !...
Tu rêves de justice et de fraternité :
C'est là-haut seulement, vois-tu, qu'on trouve ça;
Et s'il est ici-bas tant de joie dans l'amour,
C'est qu'un peu de ciel s'y reflète...

(Lui prenant la main et cherchant à l'attirer vers l'autel.)

Prions ensemble.

Manuel, *se dégageant avec douceur.*

Je ne sais plus... Je ne puis...

Sagrario, *tristement.*

Alors, je prierai pour nous deux...

(Surmontant sa tristesse et développant avec précaution le papier de l'objet apporté.)

Regarde ce beau cierge...
Il est de cire fine,
Mêlée d'encens.
Vois, il est peint aux couleurs de la Vierge,
Fleuri des lys et des roses qu'elle aime...
C'est un cierge de riche !... Il coûte vingt réaux,
Ne me gronde pas !...
Puisque ce soir, pour la première fois,
Tu veilleras sur la Madone,
Je veux, en notre nom, l'offrir à son Image,
Avec ces fleurs.

(Tout en allant vers l'autel, tenant le cierge et les fleurs, montrant la Madone :)

Elle te connaît bien...
Que de fois ici-même,

Rappelle-toi,
Le petit Manuel, en robe de clergeon,
Dévotement a servi la messe !
Tu l'aimais tant jadis !... Elle t'aime toujours !

(Brève pantomime. Sagrario, allumant le beau cierge, le placera sur un candélabre d'offrande. Puis, elle disposera les fleurs dans un des vases de l'autel ; et devant l'autel même, elle en sèmera quelques-unes sur le tapis. A ce moment, tournée vers Manuel et lui tendant une rose blanche, pour qu'il fasse à la Vierge l'offrande au moins d'une fleur, elle dira, dans une attitude de tendre imploration :)

Pour me faire plaisir !

(Sourire indulgent de Manuel : il offrira la rose, moins d'ailleurs à la Vierge qa'à Sagrario elle-même. Après un regard plein d'une affectueuse reconnaissance, Sagrario s'agenouillera sur une marche de l'autel.)

Sagrario, *agenouillée.*

Mère compatissante,
Tout notre espoir est à vos genoux.
Pitié pour moi,

(Se tournant à demi vers Manuel.)

Pitié pour lui !
Puisque son cœur est bon, c'est qu'au fond il vous aime.
Ramenez-y la foi.
Donnez-nous sur la terre, après tant de souffrances,
Un peu de bonheur,
Ou bien, s'il faut mourir,
Donnez-nous de mourir ensemble...
Mère compatissante !

(Elle reste à genoux, abîmée dans sa ferveur.)

Manuel, *à l'autre bout de la scène, comme exilé d'une foi qu'il regrette, mais qu'il ne peut plus partager, contemplant Sagrario à genoux.*

Comme toi, près de toi, que je voudrais prier !...
Qu'il serait doux à mon dernier sommeil
De se blottir, comme elle,

Au sein maternel et divin !...
Comme toi, près de toi, que je voudrais prier !

(Etreint d'une émotion qu'il ne peut plus contenir, Manuel, à ces derniers mots, s'est caché les yeux de ses mains. Sagrario, qui s'est relevée, se retourne alors vers lui. Elle aura d'abord un mouvement de surprise inquiète, puis, allant à Manuel, d'un geste tendre, elle écartera les mains qui lui cachent le visage aimé.)

Sagrario, *avec une joie pieuse.*

Une larme !...

(Et comme Manuel essaie de nier.)

Je la vois briller...
Larme bénie,
Nouveau baptême !
Regretter la foi, c'est la retrouver. .
Pleure !

(Long regard à la Vierge ; lente génuflexion, suivie d'un bref élan de muette action de grâces. Puis, à pas silencieux, suspendus, pour ne pas troubler une émotion qu'elle espère féconde, Sagrario se retire, les yeux toujours vers Manuel. Une fois encore, au seuil, elle dira, suppliante et joignant les mains.)

Oh ! pleure !

(Avant de sortir, un long baiser, de la main. Resté jusqu'alors immobile, les yeux fixes, comme ailleurs, Manuel a relevé la tête et rend à Sagrario son baiser.)

SCÈNE IV

MANUEL, *seul.*

Manuel, *se ressaisissant.*

Quelle étrange faiblesse !...
Dans cette vision de ma dévote enfance
Et dans ce culte si touchant,

(Embrassant d'un geste la cathédrale.)

Dans cette majesté séculaire et profonde,
Dans notre amour, dans ma désespérance,
Et dans l'approche de la mort,
Autant de pièges à mon cœur...

Pauvre Sagrario!...
Elle est heureuse... presque!
Et bientôt, nous allons mourir...
Mais elle, confiante,
S'en ira tendrement, et les yeux pleins d'extase,
Vers son beau pays de lumière...
Moi, vers la nuit et le néant...

La mort, la vie,
Partout le mystère...
La Science, la Raison,
Une lueur à peine au fond de l'ombre épaisse,
Illusion peut-être...

Et j'en ai fait mon Dieu!

Si tu n'es rien qu'une idole nouvelle,
Impuissante Raison,
Ah! de quel droit alors viens-tu donc, dans ce temple,
Renverser l'idole chrétienne?
Elle, du moins, savait consoler.

(Se rapprochant de l'autel, et dans une sorte d'imploration douloureuse, s'adressant à la Madone.)

Symbole de tendresse et de miséricorde,
Pourquoi n'êtes-vous qu'un divin mensonge?
Si bonne, si pure,
Que n'êtes-vous la Vérité?

Et pourquoi tant de faste?
A votre sein de mère,
Pourquoi tant de bijoux?

Vous ne portiez jadis qu'une robe de laine
Et qu'un voile de lin.
Redevenez la simple paysanne!
Cette couronne qui le souille,
Arrachez-la de votre front,
Et de tous ces bijoux d'avare courtisane,
Vous, la chaste Pitié,
Pour les malheureux faites-en du pain!

(A ce moment, dans le silence profond de la cathédrale, onze heures sonnent au clocher. Sur les candélabres d'offrande, beaucoup de cierges, maintenant, sont éteints, ou ne sont plus qu'une vacillante lueur.)

C'est l'heure... Allons, que je fasse ma ronde.

(Il allume sa lanterne, puis s'enveloppant dans la manta.)

Pour obéir à Sagrario.

(Comme il s'éloigne et qu'il va sortir de la chapelle, un bruit de pas et de voix le fait se retourner, surpris. Un instant, il restera dans l'ombre du fond, observant sans qu'ils puissent encore le voir, les nouveaux arrivants; puis il reviendra sur ses pas.)

SCÈNE V

MARIANO, PEREZ, PEPE, *entrant, Mariano d'abord, puis les deux autres, tous trois légèrement avinés,* **MANUEL.**

Mariano.

Personne?

Perez.

A sa ronde, sans doute.

Pepe.

Si l'on faisait le coup?

Mariano.

Motus! le voilà!...

Manuel, *avec surprise, mais amicalement.*

Vous ici?... A cette heure?

Tous Trois.

Nous-mêmes...

Manuel.

Et par où?

Pepe.

Tout bonnement par la porte!

Mariano, *agitant son trousseau de clefs.*

Le sonneur a toujours les doubles!

(*Un temps.*)

Manuel.

Et que voulez-vous... camarades?

Pérès, *un peu gêné, se grattant la tête.*

Ce que nous voulons...

Pepe, *exhibant une bouteille.*

D'abord, trinquer avec toi...

Manuel.

Vous savez bien que je ne bois pas.

Pepe.

Oui, les savants, c'est des messieurs, ça ne boit pas.

Mariano, *intervenant brutal.*

Pas tant d'histoires... Ce que nous voulons...

Manuel.

Eh bien?

Mariano.

C'est les bijoux de la Madone!

Tous Trois, *avec le même geste confirmatif.*

Voilà!...

Manuel.

Vous plaisantez !

Pepe.

Sérieux comme trois papes !

Manuel.

Vous êtes fous ?

Perez.

Nous, tes élèves !

Manuel.

Vous êtes ivres alors !

Pepe, *qui titube en effet.*

A peine...

Tous Trois, *scandant les mots.*

Nous voulons les bijoux !...

Mariano, *allant à Manuel et lui frappant sur l'épaule.*

Parlons peu, mais parlons bien...

Tu nous l'as dit toi-même :
« Le capital opprime le travail ;
» Tout aux uns, rien aux autres ! »
(*Violemment.*)
Pourquoi ?

Sous le fouet du maître,
Quand l'esclave, à bout de souffrances,
Commence à gronder,
Vous, les rêveurs, vous nous dites alors :
« Patience... Attendez... L'Avenir ! »

Non, non, métier de dupes.
Nous sommes las de crever la faim !...
(*Montrant la Madone ; avec emportement.*)
Ici, voilà de l'or,
De l'or sué par notre peine,

Taché de notre sang,
De l'or qui ne fait rien — que parer une idole,
C'est ton mot.
Tout cet or-là, qu'on nous a volé,
Entends-tu bien, nous venons le reprendre !

Tous Trois.

Nous voulons les bijoux !...

(Un silence.)

Manuel, *avec accablement.*

O mon beau rêve, où te voilà tombé ?...

(Suppliant.)

O mes amis, est-ce bien vous ?...
Vous, de si brave gens, saccager et voler !...
Cet or n'est pas à nous, non plus qu'à cette église.
C'est le patrimoine commun.
Piller cette Madone,
C'est dépouiller nos frères,
C'est imiter nos oppresseurs...
Je vous supplie !

Mariano.

Après nous le déluge !

Perez.

Je veux du pain pour mes enfants.

Pepe, *cynique.*

Moi, des sous pour la noce.

Perez, *ricanant.*

As-tu peur d'un miracle ?

Mariano, *avec un geste vers la Madone.*

Prends ta part du magot !

(Manuel, cependant, ira de l'un à l'autre, désespéré, répétant avec angoisse : Mes amis !. . mes amis ! *Enfin, débordé par la colère croissante des trois hommes, et révolté par ces derniers mots :* Prends ta part du magot ! *résolument il se place devant l'autel, barrant le chemin.)*

Manuel.

Votre complice, moi ! Jamais !

Tous Trois.

Place !

Manuel.

Vous ne passerez pas.

Tous Trois.

Place !

Manuel.

Non !

Tous Trois.

Place ! Place ! Place !

Manuel.

Non !

(Ruée des trois hommes vers l'autel, Mariano en tête, brandissant son trousseau de clefs.)

Mariano, *assénant un coup terrible à Manuel qui tâchait de le repousser.*

Tiens donc !

Manuel, *poussant un cri.*

Ah !...

(Frappé mortellement à la tête et chancelant sous le coup, Manuel, cependant, trouve encore la force d'aller jusqu'à la corde qui pend de la voûte. Il s'y cramponne alors et, par un effort suprême, avant que ses agresseurs aient pu l'en empêcher, il parvient à sonner la cloche. Glissant ensuite, épuisé, le long de cette corde à laquelle il essaye vainement de se retenir, il tombe enfin sur les dalles, devant l'autel, où il reste étendu. Au tintement désespéré de la cloche dans la nuit, à la vue de Manuel gisant à leurs pieds, les trois hommes, terrifiés, s'arrêtent.)

Tous Trois.

Ah !...

(Séparément.)

Qu'ai-je fait ! Malheur ! Mort ! Mort ! Il est mort ! Entendez. On vient. Fuyons.

(Bruits, dans la cathédrale, d'une porte qui s'ouvre, de pas qui se précipitent. Les trois hommes disparaissent.)

SCÈNE VI

MANUEL, ESTEBAN, *puis* **TOMASA, SAGRARIO,**
précédées ou suivies des gens du cloître,
de chanoines, arrivant par groupes ou séparément.

Esteban, *accouru le premier; il aperçoit à terre Manuel qui, reprenant ses sens, essaye péniblement de se soulever; courant à lui.*

Ah!

(Le soutenant dans ses bras.)

L'atroce blessure.

(Il en étanche le sang.)

Manuel, *reprenant connaissance.*

Où suis-je?

Esteban.

Dans mes bras.

(Manuel remercie d'un signe.)

Qui t'a frappé?

Manuel, *écartant la question.*

Je ne sais pas.

Esteban.

Mariano?... Perez?... Pepe?

Manuel.

C'est moi le seul coupable.

(Mais il voit, dans ses yeux, qu'Esteban a deviné; alors fiévreusement.)

Jure-moi le silence...
Jure!... Sur la Madone!...

(Comme Esteban se résoud enfin à jurer.)

Merci!

(Brusquement, il est secoué d'un spasme de souffrance.)

Esteban, *affolé.*

Que faire? *(Appelant.)* A l'aide!

(On entre, Tomasa et d'autres. On s'empresse. On veut emporter le blessé.)

Manuel, *maîtrisant sa douleur, d'une voix entrecoupée.*

Non, je veux mourir ici.

(A Sagrario qui vient d'entrer et qui s'affaissant près de Manuel, haletante, sanglotante, lui baise éperdument les mains.)

Sagrario!...

(Un silence où l'on entend sangloter Sagrario à demi-pâmée.)

Manuel.

Ne pleure pas...
Vois-tu, cela vaut mieux ainsi...

Sagrario, *dans un douloureux reproche.*

Tu m'abandonnes!

Manuel, *pour lui complaire.*

On se retrouvera... peut-être!...

(Cependant Tomasa, recevant un crucifix des mains d'un chanoine, s'est approchée du mourant. Manuel, d'un geste las, écartera le crucifix.)

Sagrario, *le prenant à son tour des mains de Tomasa et le présentant à Manuel, tendrement suppliante et pleurante.*

Pour me faire plaisir!... Pour ta Sagrario!...

Manuel, *acceptant cette fois le crucifix et l'effleurant de ses lèvres.*

Pour toi!...

(Le contemplant ensuite avant de le rendre à Sagrario.)

Et puis, c'est de l'amour...
De la souffrance...
De l'espoir...

(*A Sagrario.*)

Va, nous avons tous deux, au fond, la même foi,
Et nous rêvons, tous deux, d'un même ciel,
Que je voulais, moi, sur la terre...

(*Gagné par le délire, se tournant vers la Madone, dans une hallucination suprême, et soulevé peu à peu par le transport de son extase, jusqu'à se redresser, presque debout.*)

Regarde... La Vierge...
Plus de bijoux... plus de couronne...
Son cœur a tout donné...
Comme elle est belle, maintenant!...

(*Les yeux comme agrandis par une vision immense.*)

Comme elle est grande!...
A son geste se lève, illuminant le monde,
La splendeur d'une immense aurore!...
Salve, Regina!
Salut, salut enfin, fraternelle justice,
Universel bonheur!

(*A ce dernier mot, il défaille à nouveau dans les bras de Sagrario agenouillée sur une marche de l'autel. Derrière elle, Esteban, Tomasa, puis les chanoines, puis tous les assistants également à genoux.*)

Les Chanoines, *psalmodiant.*

Consolatrix afflictorum!

Tous les autres, *sauf Manuel agonisant et Sagrario.*

Ora pro nobis!

Manuel, *soulevant la tête une dernière fois, avec un dernier geste vers la Madone, et dans un dernier souffle.*

Comme elle est pâle!...
Ah!... C'est la douce mort!...

(*Et cherchant la main de Sagrario, appuyant la tête sur son épaule, il expire.*)

Les Chanoines.

Mater misericordiæ!

Tous les autres, *sauf Sagrario.*

Ora pro nobis !

Sagrario, *toujours à genoux devant l'autel et tenant embrassé le corps de Manuel; à la Madone, dans un sanglot.*

Ne m'oubliez pas!

(Lentement, elle met un baiser d'amour, le premier, aux lèvres du mort.)

RIDEAU

Versailles. — Imprimeries Cerf, 59, rue du Maréchal-Foch.

En vente AU MÉNESTREL, 2 *bis*, rue Vivienne, Paris (2e)
HEUGEL, Editeur-Propriétaire pour tous pays.

DANS L'OMBRE DE LA CATHÉDRALE

DRAME LYRIQUE EN TROIS ACTES

Poème de MAURICE LÉNA et HENRY FERRARE (*d'après Blasco Ibañez*)

Musique de Georges HÜE

Partition piano et chant .... **Prix net 20 francs**

CHEZ LE MÊME ÉDITEUR, les opéras, drames lyriques, opéras-comiques :

ADAM, *Cagliostro*, 3 a.
— *Richard en Palestine*. 3 a.
AUBER. *Gustave III*. 5 a.
— *La Fiancée du Roi de Garbe*, 3 a.
BEETHOVEN. *Fidelio*, 3 a.
— *Les Ruines d'Athènes* et *Le Roi Estienne*.
BEMBERG. *Baiser de Suzon*, 1 a.
BLOCKX. *La Chapelle*, 1 a.
— *La Fiancée de la Mer*, 3 a.
— *Princesse d'Auberge*, 3 a.
— *Thyl Uylenspiegel*, 3 a. 4 t.
BOIELDIEU. *Le Calife de Bagdad*, 1 a.
— *Jean de Paris*, 2 a.
— *Ma Tante Aurore*, 2 a.
BORDOGNI. *Lola*, 1 a.
CHARPENTIER. *Louise*, 4 a. 5 t.
CHERUBINI. *Les deux Journées*, 3 a.
— *Elisa*, 3 a.
— *Lodoïska*, 3 a.
CUI. *Le Flibustier*, 3 a.
DAVID. *Perle du Brésil*, 3 a.
DELIBES. *Jean de Nivelle*, 3 a.
— *Kassya*, 4 a.
— *Lakmé*, 3 a.
— *Le Roi l'a dit*, 3 a.
DUBOIS. *Aben-Hamet*, 4 a.
— *La Guzla de l'Emir*, 1 a.
— *Xavière*, 3 a.
DUPONT. *La Farce du Cuvier*, 2 a.
— *Antar*, 4 a. 5 t.
— *La Glu*, 4 a. 5 t.
DUPRATO. *La Fiancée de Corinthe*, 1 a.
DUPRÉ. *Joanita*, 3 a.
FAURÉ. *Pénélope*. 3 a.
FEVRIER, *Carmosine*, 4 a.
— *Gismonda*, 4 a.
— *L'Ile désenchantée*, 2 a.
— *Monna Vanna*, 4 a.
— *La Damnation de Blanchefleur*, 2 a.
— *Le Roi aveugle*, 2 a.
GAUTIER. *La Clé d'Or*, 3 a.
GIORDANO *A. Chénier*, 4 a.
GLUCK. *Alceste*, 3 a.
— *Orphée*, 4 a.
GRÉTRY. *Richard Cœur-de-Lion*, 3 a.

HAHN. *La Carmélite*, 4 a 5 t.
— *La Colombe de Bouddha*, 1 a.
— *L'Ile du Rêve*, 3 a.
— *Nausicaa*, 2 a.
HARTOG. *L'Amour et son Hôte*, 1 a.
JACQUES-DALCROZE. *Le Bonhomme Jadis*, 1 a.
— *Les Jumeaux de Bergame*, 2 a.
KEIL. *Dona Branca*, 4 a.
LALO. *Le Roi d'Ys*, 3 a.
LAMBERT. *Brocéliande*, 4 a.
LEFEBVRE. *Le Trésor*, 1 a.
LIMNANDER. *Le Château de la Barbe-Bleue*, 3 a.
— *Les Monténégrins*, 3 a.
MACHADO. *Lauriane*, 4 a.
MAINGUENEAU. *Ninon de Lenclos*, 4 a.
MASCAGNI, *L'Ami Fritz*, 3 a.
— *Cavalleria rusticana*, 2 a.
MASSÉ. *Paul et Virginie*, 3 a. 6 t.
MASSENET. *Amadis*, 4 a.
— *Ariane*, 5 a.
— *Bacchus*, 5 a.
— *Cendrillon*, 4 a.
— *Le Cid*, 4 a. 10 t.
— *Chérubin*, 3 a.
— *Cléopâtre*, 4 a. 5 t.
— *Don César de Bazan*, 4 a.
— *Don Quichotte*, 5 a.
— *Esclarmonde*, 4 a. 8 t.
— *Grisélidis*, 3 a. 4 t.
— *Hérodiade*. 4 a. 7 t.
— *Le Jongleur de Notre-Dame*, 3 a.
— *Le Mage*, 5 a.
— *Manon*, 5 a.
— *Marie-Madeleine*, 3 a.
— *La Navarraise*, 2 a.
— *Panurge*, 3 a.
— *Le Portrait de Manon*, 1 a.
— *Le Roi de Lahore*, 5 a.
— *Roma*, 5 a.
— *Sapho*, 5 a.
— *Thaïs*, 3 a. 7 t.
— *Thérèse*, 2 a.
— *Werther*, 4 a.
MÉHUL. *Joseph*, 3 a.
MERCADANTE. *Léonora*, 4 a.
MISSA. *L'Hôte*, 3 a.

MONSIGNY. *Le Déserteur*, 3 a.
MORET. *Lorenzaccio*, 4 a. 11 t.
MOZART. *Don Juan*, 5 a.
— *La Flûte enchantée*, 4 a.
— *L'Oie du Caire*, 2 a.
OLAGNIER. *La Saïs*, 4 a.
OLLONE (d'). *Le Retour*, 4 a.
PAISIELLO. *Le Barbier de Séville*, 4 a.
PEDROTTI. *Florina*, 2 a.
PIERNÉ. *On ne badine pas avec l'Amour*, 4 a.
PILATI et FLOTOW. *Le Naufrage de la Méduse*, 4 a.
POISE. *Les deux Billets*, 1 a.
PUGET. *Beaucoup de bruit pour rien*, 4 a. 5 t.
RASPAIL. *Sabbat pour rire*, 1 a.
REYER. *Sigurd*. 4 a. 9 t.
RICCI. *Docteur rose*, 3 a. 5 t.
RICHEPIN. *La Marchande d'Allumettes*, 3 a.
ROSSINI. *Le Barbier de Séville*, 4 a.
— *Bruschino*, 2 a.
— *Othello*, 3 a.
— *Sémiramis*, 4 a.
RUBINSTEIN. *Le Démon*, 4 a.
— *Néron*, 4 a. 7 t.
SCHUBERT, *La Croisade des Dames*, 1 a.
STADLER. *Bois de Daphné*, 1 a.
THOMAS. *Le Caïd*, 2 a.
— *La Cour de Célimène*, 2 a.
— *Françoise de Rimini*, 4 a.
— *Hamlet*, 5 a.
— *Mignon*, 3 a.
— *Le Panier fleuri*, 1 a.
— *Psyché*, 4 a.
— *Raymond*, 3 a.
— *Songe d'une Nuit d'été*, 3 a.
— *Le Tonelli*, 2 a.
VERCKEN, *Pierrot fantôme*, 1 a.
VERDI. *Le Bal Masqué*, 4 a.
— *Jérusalem*, 4 a.
VIDAL. *Eros*, 3 a. 5 t.
VOGEL. *La Moissonneuse*, 4 a.
WECKERLIN. *La Laitière de Trianon*, 1 a.
— *L'Organiste*, 1 a.
WIDOR. *Mr Ambros*, a. 5 t.
— *Les Pêcheurs de Saint-Jean*, 4 a.

www.ingramcontent.com/pod-product-compliance
Lightning Source LLC
LaVergne TN
LVHW012000160826
845678LV00002B/647

* 9 7 8 2 3 2 9 6 7 1 4 6 8 *